DISCOURS

Prononcé au Banquet de la Sainte-Estelle

AU MARTIGUE

LE 11 AOUT 1891

PAR

Xavier de MAGALLON

A I X
Imprimerie J. NICOT, rue du Louvre, 16
1892

DISCOURS

Prononcé au Banquet de la Sainte-Estelle

AU MARTIGUE

LE 11 AOUT 1891

PAR

Xavier de MAGALLON

AIX

Imprimerie J. NICOT, rue du Louvre, 16

1892

Messieurs,

Au nom de la jeunesse provençale restée en Provence, je salue ceux qui reviennent dans la Patrie dont si fièrement ils ont tenu, loin d'elle, le drapeau.

Et je salue surtout la pensée qu'ils apportent avec eux dans ses plis.

Car ce n'est point par un exode dénué de sens et de but que vous ont amenés jusqu'à nous les bateaux pavoisés de fleurs. C'est une idée qui vous dirige! C'est une œuvre que vous faites! C'est une cause que vous servez!

Et, quand vous passez, exaltant les bautés et les grâces, redressant dans l'azur les gloires de la Terre Natale, votre marche à travers les Champs et les Villes est un de ces mouvements d'esprits, est un de ces courants d'hommes qui déterminent et emportent, à un moment donné, le destin d'une race et l'histoire d'un temps!

Vous passez, et votre passage arrache la Provence surprise aux soucis de la vie quotidienne et banale : il la rend toute vibrante d'une émotion désintéressée : il lui apporte. en un mot, de l'idéal !

De cela seul, quel que cet idéal fût. vous nous verriez reconnaissants, nous qui sommes, en cette fin de siècle, lassés, vous le savez, du spectacle court de la matière seule. pleins d'élans vers les horizons qu'à tort on a prétendu fermer.

La génération d'aujourd'hui. fière sans doute. des éléments vaincus et de la terre conquise, demande à s'élever plus haut Heureuse de la nature explorée, elle revendique le droit de soulever, en les couvrant de baisers, ses beaux voiles. afin de regarder par-delà.

Admiratrice avec tous ses yeux des formes splendides. elle se préoccupe de l'âme que cette splendeur émeut.

Elle apprécie la vitesse des locomotives et des vaisseaux. Elle l'apprécie surtout parce qu'ils nous rapprochent de vous. qui faites des poèmes et chantez des chansons.

Curieuse des choses. elle est inquiète et soucieuse des idées.

Il lui faut toute la terre et toute la mer, et

tout le ciel aussi. Tout le réel, sans doute, tout l'idéal surtout !

C'est la raison de votre bienvenue, vous qui venez en raviver la flamme au cœur du peuple de Provence, vous qui venez le faire penser et le faire aimer. Pour les races, comme pour les hommes, c'est là ce qui fait grand et ce qui fait heureux.

Il le sent bien, croyez-le, lorsque vous le relevez vers les souvenirs et les espoirs, et vers la pure clarté de son soleil, lorsque vous réchauffez dans ses veines le sang de la race, lorsque vous faites ruisseler à travers lui un grand fleuve lyrique de fierté et de joie !

Voilà pourquoi il vous reçoit avec les danses et les chants. Voilà pourquoi non seulement le peuple, mais la nature vous fait accueil. Car vraiment il semble que la lumière soit plus lumineuse, il semble que l'étreinte de la mer aux plages se fasse plus tendre, plus amoureuse et plus passionnée, il semble qu'un frisson plus intense de vie palpite aux feuilles des oliviers robustes et pâles, tandis que vous allez réveiller, par les pinèdes et les calenques l'âme héroïque et douce, l'âme mélodieuse, vibrante, subtile, l'âme immortellement jeune de l'antique Patrie !

Pour nous, baignés sans cesse dans son influence divine, c'est votre rêve que nous rêvons, c'est notre foi que vous prêchez. Elle se résume en deux mots, bien vieux, sans doute, mais vieux à la façon de l'aurore et des roses, de la mer inaltérable et du soleil sacré, vieux à la façon des jolies bouches et des beaux yeux et des sourires de vingt ans ! Et, comme il y aura toujours pour de telles merveilles des poètes qui les chanteront, toujours surgiront de la terre féconde des orateurs à la poitrine généreuse pour reprendre et rajeunir, pour douer, par une émotion nouvelle, d'un retentissement nouveau ce très vieux mot : la Patrie ! et ce très vieux mot : la Liberté !

A quoi bon les tant crier ? dit-on. Ne sont-ils pas dans tous les cœurs ? Sans doute. Mais plus de forces que l'on ne croit travaillent à les y effacer, tout au moins en les y déformant. Les idées qu'ils expriment, dit-on encore, ne sont-elles pas étrangères aux préoccupations du temps présent ? Au contraire, toutes s'y ramènent, et s'y ramènent encore tous les problèmes de l'avenir. Dans ce siècle où tout est combattu, elles subissent aussi leurs combats, de l'issue desquels le sort des peuples dépend. Il leur faut aussi des défenseurs contre ceux qui les attaquent et l'avouent, contre ceux, plus nombreux, qui les croient aimer et leur font mal, ne les connaissant pas, ne les comprenant pas. Car déjà c'est les défendre que les comprendre. Voilà pourquoi, au-dessus de toutes les dissentions, il nous faut élever ce programme et nous y réunir, — nous, Provençaux, à qui l'on ne refusera pas quelque raison de croire que nous ne sommes pas, sur ces augustes choses, dépourvus de toute lumière propre et qu'en fait de Patrie et en fait de Liberté, nous avons à peu près compris.

Car la Patrie, pour nous, ah! c'est dans l'esprit, un éclair de gloire, c'est dans le cœur une extase d'amour. La Patrie, c'est l'air et le ciel, le paysage, l'horizon. La Patrie c'est le sol, mais c'est la Race aussi. La Race, c'est-à-dire le fruit du mariage des hommes avec les pays. Fruit merveilleux, quand le mariage a été fidèle et a duré, et que Dieu sans doute l'a béni. Car qui niera, et j'en appellerais, s'il le fallait, aux filles d'Arles, aux pêcheurs de Saint-Jean et du Martigue même, j'en appellerais à l'exemple des deux grands poètes devant qui je parle, qui niera que ce soit aux vieilles Races, aux Races pures, aux Races enfin que Dieu de préférence donne le génie et la beauté? Mais une Race et une Patrie, c'est tout un. De plus en plus aimons donc et chantons la petite Patrie. De plus en plus prenons pour devise ces vers décisifs du vibrant patriote et de l'incomparable poète Félix Gras :

> J'aime mon village plus que ton village,
> J'aime ma Provence plus que ta province,
> J'aime la France par-dessus tout !

C'est là, la France, la vraie façon de l'aimer. Le cosmopolitisme national n'est que le prélude de l'autre. Qui ne voit que, tous les faisceaux de tradition une fois rompus, toutes les sources d'amour taries, toutes les races mêlées et gâtées, l'idée de Patrie pourrait périr ? Mais peut-on concevoir qu'il n'y ait plus de Français tant qu'il y aura des Provençaux ?

Ainsi aimons la petite Patrie pour elle-même, elle est, Dieu sait, assez digne d'amour, aimons-la parce qu'elle nous fait citoyens de la grande !

Aimons la grande Patrie pour elle-même aussi, pour son génie et pour sa gloire ; aimons-la pour son rôle magnifique dans le monde, pour sa grandeur que nous referons, pour ses malheurs que nous vengerons ; aimons-la parce qu'elle est le rempart de la vie et des libertés de la petite Patrie !

Laissons d'autres réduire leur patriotisme à je ne sais quelle abstraction suspendue aux nuées et qui ne se peut saisir. Pour nous, afin qu'il soit indéracinable et indestructible, plantons-le dans le sol fécond et solide d'où nous sommes issus ; et faisons se mêler et se lier ses racines, dans les entrailles de la terre, avec les racines des pins et les racines des oliviers !

Telle est notre œuvre, durant la paix qui fleurit. Qu'ils se rassurent, si la guerre éclate !

Nous avons une raison de plus que ceux du Nord de haïr l'ennemi héréditaire. Car s'il est anti-français, il est plus encore anti-latin.

Du reste, que l'on veuille se rappeler ou apprendre ceci :

Il y a un poète qui a battu cette charge du Tambour d'Arcole, emportée par tout le souffle épique des armées de la Révolution ; c'est Mistral.

Il y a un poète qui a chanté le plus résolu, le plus furieux des hymnes de revanche, la *Cansoun de l'an que ven* ; c'est Aubanel.

Il y a près d'Aix une plaine que l'on nomme Pourrière, à cause d'un certain nombre de cadavres qui pourrirent là, voici deux mille ans. Au-dessus d'elle, une montagne s'élève, que, par-dessus les eaux de leur étang, les pêcheurs du Martigue peuvent apercevoir, dressée comme un grand souvenir et comme un grand exemple, la montagne de la Victoire : et sur ses flancs, un gouffre s'ouvre, le Garagay : il garde en ses profondeurs les os des premiers et derniers Teutons qui aient foulé le sol provençal !

Patrie ! Ce simple mot ainsi compris, avec ses suites nécessaires de décentralisation, d'antonomies et de liberté, c'est donc tout un programme d'action immédiate. C'est une idée assez haute pour contenir en elle, pour que l'on puisse envisager de sa cime la plupart des questions de l'avenir.

N'est-il pas en effet visible que deux courants traversent le monde ?

L'un destructeur précisément des races et des indépendances et dont la nappe égalitaire pousse les peuples vers la plus horrible centralisation. Supposez qu'il l'emporte, d'immenses masses inertes, incapables de la liberté et de ses œuvres, toute dans la main d'un pouvoir démagogique ou césarien, voilà les nations de demain.

Quel Provençal, fils des races libres, aurait pour rêve ce cauchemar ?

Notre rêve est autre. Il suit le fil d'un courant meilleur et qui roule aux rivages où se bâtira l'édifice de l'harmonieuse liberté. Les races auraient grandi selon les lois normales de leur vie naturelle. Leurs mouvements instinctifs les unes vers les autres se seraient définis. Et l'on aurait, non plus par l'absorption, mais par la fédération des familles humaines unies pour le labeur et pour la joie, la vraie formule de la vie dans la nature et dans l'art, pourquoi pas dans la société aussi ? non l'uniformité certes, mais la variété dans l'unité.

De ces deux rêves, il faut que l'un se trouve vrai. Le premier s'est élevé lentement, à la manière des fantômes, du fond des brumes germaines. Le second se joue dans les rayons du soleil latin. A l'œuvre donc, afin de le réaliser ! Et sachons que travailler de la sorte pour la Provence, c'est travailler pour la France et pour l'humanité, par la Liberté !

La Liberté, c'est la seconde idée que je tenais à exprimer, disais-je. Avec celle de Patrie, telle que nous la comprenons, ne fait-elle pas qu'un ? Et n'est-il pas naturel que la Provence, l'un de ses premiers berceaux, reste l'une de ses plus fermes citadelles ?

Car l'esprit civique de Rome s'allia toujours en elle aux goûts d'Athènes. Jamais la vie municipale n'y cessa. Jamais le talon de fer des barons féodaux ne la toucha fortement. Elle fut toujours, on le rappelait excellemment tantôt, une terre de cités et de citoyens.

Non, certes, nous ne renoncerons pas à la liberté, car elle est nôtre ! On l'oublie, quand on la possède. On en meurt, quand il faut s'en passer !

Elle a traversé bien des périls. Elle n'est pas au bout !

Contre ceux qui la détestent, contre ceux qui la trahissent, contre ceux qui l'étranglent dans les fleurs, il faut la défendre à mort !

Contre ceux qui, par infamie noire ou ignorance profonde, lui prêtent des figures diverses et jusqu'à d'odieuses faces de tyrannie, nous dirons qui elle est et nous la ferons reconnaître au peuple dans la clarté sincère du soleil provençal !

Car ici vraiment elle exista dans sa réalité.

La Liberté est une des déesses qui fréquentent, depuis les plus vieux âges, les rivages méditerranéens. Comme Vénus, et ayant autant qu'elle d'ardents et virils amou-

reux, elle s'est levée pour éclairer le monde, des vagues de la mer latine. Ce drapeau est son drapeau !

Levons-le donc d'une sorte fière et serrons-nous autour de lui !

Divisés ailleurs, mais unis dans ces grandes pensées et pour ces grandes choses, poursuivons d'un même effort le but commun. Poussons-y également, par les voies diverses où elles marchent, les forces, hostiles peut-être entre elles, sur lesquelles il nous est donné d'agir. Là est le terrain supérieur où, après s'être tant combattues, peut-être elles s'embrasseront.

Nous y travaillerons dans le terroir. Vous y travaillerez dans ce Paris dont vous faites un peu la capitale de la Provence, vous qu'avec joie nous y suivons dans vos luttes et qu'avec joie nous saluons à vos retours.

Entre tous, je tiens à saluer celui que nous vous sommes le plus reconnaissants d'avoir amené parmi vous. (*)

Que notre cher Anatole France, en abordant à nos rivages, y reçoive l'hommage

(*) Jusqu'au moment du banquet, je crus qu'Anatole France y prendrait part. Il ne le put. J'écris ce que j'avais l'intention de lui dire.

de tant d'esprits jeunes qu'il a instruits, consolés, charmés. Entre tous, nous l'aimons pour avoir maintes fois touché l'intime de notre pensée en vers très beaux et très doux. Nous l'aimons pour sa langue qui a le goût du miel des ruches, et la couleur de l'eau des fontaines profondes. Nous l'aimons parce qu'il se penche avec sympathie sur toutes les sérieuses tentatives d'art nouveau, parce que le premier, il a proclamé Verlaine, nommé Moréas, parce qu'il n'est pas de ces talents vite fourbus qui deviennent l'obstacle après avoir été le flambeau, mais de ceux qui toujours plus avant marchent jusqu'à la fin dans leur rêve à la poursuite de la beauté. Nous l'aimons pour tout son génie et tout son cœur, et pour ses songes parfaitement pareils aux nôtres. Et nous le remercions de consentir à être Provençal, lui si Français.

Je salue encore, après le Prince des critiques, l'héritier présomptif, Charles Maurras. Après avoir célébré les trente beautés du Martigue, il trouve, aujourd'hui, le moyen de nous faire dire qu'il en avait oublié un grand nombre. Sonore clairon, flambant porte-glaive, chef d'avant-garde des races brunes à Paris ! Voici qu'il nous revient, ayant jeté la discorde au camp barbare. Belges et Suisses s'entre-dévorent, en proie aux flèches qu'à la mode des Scythes il décocha en partant à ces hommes du Nord. Cependant loin de ces remous d'écrivains, maintenant il contemple l'azur natal et les larges ondes de la Méditerranée. . . .

Comme lui, emplissez-en vos yeux et vos âmes, et de la Provence tout entière, de son odeur, de sa musique, de sa clarté !

Et vous rentrerez à Paris faire triompher, pour l'honneur de la Provence et de la France, la littérature du soleil, et, puisqu'aussi bien la guerre est ouverte, remporter contre les brumes désordonnées et tristes, la victoire de la lumière féconde et des rythmes sacrés !

A l'étendard, symbole de ces pensées et de ces espoirs !

A l'étendard, symbole de notre foi politique à tous, en tant qu'il est celui de la décentralisation :

Symbole de l'art que nous rêvons tous, car il est couleur de lumière, de la lumière qui brille, qui vibre aussi !

A l'étendard, dont la couleur est une couleur française, à qui on ne peut toucher sans toucher à la France, que l'on ne peut déchirer sans mettre en pièce le drapeau tricolore !

A l'étendard de celle que nous avons vue, avec Mistral, pleurer derrière les grilles d'un couvent ;

De celle que nous avons entendue, avec Félix Gras, jeter du fond d'un gouffre ce cri qui ne sera pas perdu : Liberté !

De celle qui est captive et que nous délivrerons, pour son indépendance à elle et pour l'indépendance du monde ;

A l'étendard bleu de la Provence !

Xavier de MAGALLON.

Aix. — Imprimerie J. NICOT, rue du Louvre, 16. — 2286.